Brigitta Meuser • Boris Böhmann
Oliver Sperling

Nicht nur Noten
Kleines Chor-ABC

Mit Illustrationen von
Astrid Leson

Verlag Butzon & Bercker

Die Deutsche Bibliothek – CIP-Einheitsaufnahme

Brigitta Meuser, Boris Böhmann, Oliver Sperling:
Nicht nur Noten : kleines Chor-ABC / Brigitta Meuser / Boris
Böhmann / Oliver Sperling.
Mit Ill. von Astrid Leson. – Kevelaer : Butzon und Bercker, 2000
ISBN 3-7666-0270-5

ISBN 3-7666-0270-5
© 2000 Verlag Butzon & Bercker
D-47623 Kevelaer
Alle Rechte vorbehalten
Umschlaggestaltung und Illustration:
Astrid Leson
Satz: prima nota GmbH, 34497 Korbach
Druck und Bindearbeiten: WELCO, Amersfoort (NL)

Inhalt

Liebe Sängerin, lieber Sänger!

Nun hältst du ein Buch in der Hand, das insbesondere für dich geschrieben worden ist.

Seit einiger Zeit oder vielleicht schon viele Jahre lang singst du in einem kirchlichen Kinderchor oder einer Jugendkantorei. Du lernst viele Lieder und Musikstücke, Notenlesen und allerlei Wissenswertes rund um die Musik. Wenn du dann in Gottesdiensten oder geistlichen Konzerten singst, merkst du bestimmt, dass es noch viel mehr gibt, bei dem man sich auskennen sollte.

Dieses Buch möchte dir helfen, dich mit ein paar Themen vertraut zu machen, die du in herkömmlichen Musikbüchern nicht unbedingt findest. Einige Dinge kennst du vielleicht schon, vor allem, wenn du gleichzeitig auch Ministrant bist.

Andere wirst du vergeblich suchen – wie ein Kapitel über Körperhaltungen, liturgische Farben und Geräte oder Symbole –, weil sie in anderen Büchern öfter zu finden sind und du sie dort nachlesen kannst. So ist dies ein „etwas anderes" Lese- und Nachschlagebuch, das vor allem zu Gesprächen mit deinen Chorfreunden und deinem Chorleiter, aber auch mit deinen Eltern und Lehrern anregen soll. Denn erst wenn man richtig gut Bescheid weiß und vielleicht anderen dazu noch Neues berichten kann, macht es doppelt Spaß, dabei zu sein und mitzumachen. Sicher wird dir dieses Buch dabei eine große Hilfe sein!

Brigitta Meuser/Boris Böhmann/Oliver Sperling

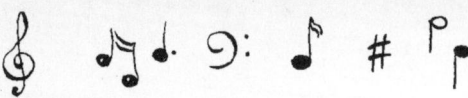

Du piepst doch nur! –
Wer kann Chorsänger oder
Chorsängerin werden?

Mit dem Singen im Chor ist es so ähnlich wie beim Sport in einer Mannschaft – jeder kann etwas Bestimmtes besonders gut. Beim Singen gibt es welche, die treffen sofort alle Töne, auch bei schwierigen Liedern, dann welche, die beim Klatschen sehr fix sind und sich einen Rhythmus schnell merken können, dann einige, die den Text gut begreifen, manchmal sogar sofort aufsagen können, und dann einige, die auch gut hören können, was sie selbst und andere Kinder singen.

Eigentlich gibt es recht wenige, die das sofort alles zusammen können, und fast überhaupt keine, die gar nichts können, und das ist auch gut so! Oft kann nämlich der, der immer zu hoch oder zu tief singt, ganz toll den Text sprechen oder neue Lieder erfinden; und wer noch nicht so gut im Lesen ist, hat oft die besseren Ohren. Außerdem kenne ich

viele „Piepser" und „Brummer", die sich, wenn sie lange genug dabei waren, zu richtig guten Sängern entwickelt haben. Das liegt meistens daran, dass sie lernen, sich selbst zuzuhören, um dann ihre Stimme neu zu „sortieren". Da kann man nur staunen, wie schnell das manchmal geht und wie gut solche Kinder werden. Sicher hast du das in deinem Chor auch schon erlebt! Hinzu kommt, dass sie auch lernen, Geduld mit sich selbst zu haben. Und jeder wird im Chor von der Gemeinschaft getragen und angespornt, sein Bestes zu geben.

Also, Chorsänger oder Chorsängerin kann eigentlich jedes Kind werden; wichtig ist viel Freude am Singen, Geduld und ganzer Einsatz bei den Proben, dann wird aus den einzelnen Sängern ein guter Chor – wie aus einzelnen Sportlern bei gutem Training eine tolle Mannschaft wird. Und das macht dann richtig Spaß, wenn man selbst merkt, wie man besser wird.

Chorproben oder Wenn die Arbeit Vergnügen macht – Gemeinsamkeit macht stark

„Erst die Arbeit, dann das Vergnügen." Diesen Ausspruch bekommt man meist dann zu hören, wenn einem die Arbeit gerade nicht passt, das Vergnügen einen aber lockt. Erst das Unangenehme beenden, bevor man mit dem Angenehmen beginnen kann. Was aber ist los, wenn einem die Arbeit bereits Vergnügen macht? Chorproben sind eine Art von musikalischem Training, bei dem jeder Sänger nicht allein eine Sache ausführen muss, sondern möglichst eine Menge verschiedener Dinge gleichzeitig:

- Noten und andere musikalische Zeichen erkennen und umsetzen,
- Texte lesen und verstehen, manchmal sogar in einer fremden Sprache,
- auf sich selbst und auf andere (Mitsänger, Chorleiter) hören,

• einen schönen Stimm- und Chorklang bilden usw.

Daher gibt es bei jeder Probe ein bestimmtes Aufwärmtraining, das Einsingen, bei dem einige Übungen immer wiederkehren oder auch von Mal zu Mal gezielt eingesetzt werden, zum Beispiel zur Vorbereitung eines neuen Chorstückes.

Da alle Menschen von Natur aus verschieden sind, bringt jeder Sänger unterschiedliche Fähigkeiten und Stärken, aber auch Unfähigkeiten und Schwächen mit. Dem einen liegt diese Einsingübung mehr, dem anderen weniger. Die Chorproben sind für jeden eine Art persönlicher musikalischer Denk- und Bewegungssport, bei dem die drei großen „Ge's" zum Einsatz kommen, wenn aus einer gelesenen Note ein gesungener Ton wird:

Durch mein **Ge**-hirn und mein **Ge**-hör wird mein **Ge**-sang.

Das bedeutet: Was denke ich? Was höre ich? Was singe ich?

„Mensch, das ist heute nicht mein Tag." Auch diesen Ausspruch kennt bestimmt jeder. Und selbst derjenige, der alles „mit links" zu machen scheint, kann

mal so richtig „von der Rolle sein". Das gilt natürlich auch fürs Singen im Chor: Die Konzentration
fehlt, man denkt an etwas anderes, man wird abge-
lenkt oder man ist sogar etwas krank, die Stimme
läuft nicht so, wie man es gewohnt ist.

Das Tolle am Singen im Chor aber ist: Ich bin
nicht allein. Die Fähigkeiten der anderen tragen
mich und die anderen werden auch durch meine
Fähigkeiten getragen – und das schaffen die drei
großen „Ver's":

Durch mein **Ver**-suchen und mein **Ver**-trauen wird mein **Ver**-stehen.

Das bedeutet: Was versuche ich? Wem vertraue ich? Wen verstehe ich?

„Einigkeit macht stark." Ein letzter Ausspruch, dessen Sinn ganz klar ist: Wenn viele, am besten alle, aus einer Gruppe sich einig sind, dann ist die Gruppe stark. Die Einigkeit der Gruppe aber macht auch den Einzelnen stark. Letztendlich bedeutet Einigkeit ja auch Gemeinsamkeit. Und: Was ich allein vielleicht nicht schaffe, das schaffe ich zu zweit, zu dritt, mit allen – eben gemeinsam –, durch dick und dünn, durch Höhen und Tiefen, durch Freud und Leid. Dann wird aus dem „ich" ein „wir": Was denken wir? Was hören wir? Was singen wir? Was versuchen wir? Wem vertrauen wir? Wen verstehen wir?

Was aber ist nun mit der Arbeit und dem Vergnügen? Je offener man sich der Arbeit stellt und je besser die Arbeit gelingt – das heißt, je näher Sänger und Chorleiter in den Chorproben ihrem musikalischen Ziel kommen –, desto mehr Spaß und Freude wird das Singen jedem Einzelnen im Chor machen, desto mehr Freundschaft untereinander und

Verständnis füreinander wird entstehen, so dass alle sagen können: Mein Chor ist eine starke Gemeinschaft.

Der Text eines Kanons ist mir in diesem Zusammenhang wieder eingefallen: „Einsam bist du klein, aber gemeinsam werden wir Anwalt des Lebendigen sein, einsam bist du klein ..."

Ein ganz besonderes Dreigestirn: die Chorfamilie – Sänger, Eltern, Chorleiter

Bei der Zahl „3" fallen dir sicherlich ein paar Begriffe ein, die fest zusammengehören, zum Beispiel die Dreifaltigkeit – Gott Vater, Gott Sohn, Gott Heiliger Geist –, Glaube, Hoffnung, Liebe oder auch die Heiligen Drei Könige – Kaspar, Melchior, Balthasar –, die im Dreikönigenschrein des Kölner Domes verehrt werden.

Und in Köln gibt es im Karneval sogar ein Dreigestirn – Prinz, Bauer, Jungfrau –, die immer zusammen auftreten.

In einem Fußballverein gibt es auch drei Personengruppen, die stets zusammengehören: die *Spieler*, die *Betreuer* und der *Trainer*. Der Trainer und die Betreuer sollen dafür sorgen, dass die Spieler so gut wie möglich spielen.

In einem Chor ist das vergleichbar – und wieder geht es um drei Gruppen, ohne die ein Chor

einfach nicht auskommt: die *Sänger*, die *Eltern* und den *Chorleiter* oder die *Chorleiterin*.

Jeder einzelne Sänger hat seine persönlichen Betreuer, nämlich Vater und Mutter, manchmal auch Opa und Oma, Onkel und Tante, Geschwister, Bekannte, Freunde. Diese Betreuer motivieren den Sänger, unterstützen ihn nach besten Kräften in seinem Tun, dem Singen im Chor. Und der, der die einzelnen Spieler zu einer Mannschaft formt, für Kondition, technisches Können und für Sieg, Niederlage und Unentschieden verantwortlich ist, der „Chor-Trainer" sozusagen, ist der Chorleiter oder die Chorleiterin.

Der Chorleiter muss ständig Kontakt zu den Sängern, aber auch zu den Eltern haben. Die Sänger können durch den Chorleiter und die Eltern besonders motiviert werden. Und die Eltern nehmen an der Freude und am Erfolg teil, wenn Sänger und Chorleiter ein gemeinsames Ziel erreicht haben.

Am häufigsten sehen sich wohl Spieler und Trainer beim Training, das heißt Sänger und Chorleiter bei den Chorproben. Die Betreuer bekommen besondere Informationen bei Elternabenden oder Elterntreffen; hier können sie auch alles besprechen. Rundbriefe und vielleicht sogar eine Chor-Zeitung informieren zusätzlich über das Chorleben. Für manche Einsätze braucht der Chorleiter auch ein besonderes Betreuerteam, also Eltern, die bei einer Sache mithelfen und anpacken; er braucht sie zum Planen und Vorbereiten oder einfach nur zum „Mit-dabei-Sein", sozusagen zum Anfeuern oder Daumendrücken, wie bei richtigen „Chor-Fans".

In manchen Chören hat der „Chef-Trainer", also der Chorleiter, noch einen „Co-Trainer", beispielsweise einen Stimmbildner oder eine Stimmbildnerin. Hier erhalten die Sänger also ein Spezialtraining, das dem gesamten Chor zugute kommt.

Und wenn alle drei Gruppen gemeinsam – Sänger, Eltern und Chorleiter – auf ein Ziel hinarbeiten, dann können viele andere, ja sogar fremde Menschen spüren: Das ist eine klasse Mannschaft, ein klasse Chor. Und das gilt für Proben, Gottesdienste, Konzerte, Ausflüge, Fahrten, Reisen, Feiern und vieles mehr.

Mut zum Wandel – Mutation

So mancher Junge singt jetzt im Knabensopran (oder hat früher darin gesungen), ist voll dabei und kriegt alle Töne gut hin, auch die hohen. Doch irgendwann macht es einmal „klick" und es geht nicht mehr. Man hat das Gefühl, sich dauernd räuspern zu müssen, und man kann die Töne nicht mehr richtig packen. Sie sind dann wie hinter eine Wand gerutscht. Das ist aber etwas ganz Natürliches. Der Junge ist in die Mutation (das heißt Wechsel, hier: Stimmwechsel) gekommen. Dabei passiert Folgendes: Die Stimmbänder, die ja durch Schwingungen unsere Gesangstöne produzieren, wachsen, sie werden länger. Die Muskeln, die an diesen Bändern sitzen, können mit der neuen Länge noch nichts Richtiges anfangen und so kommen dann witzige Töne heraus. Bei einigen Jungen dauert diese Zeit nur einige Wochen und dann ist die Männerstimme da. Aber andere brauchen, um ihre neue Stimme zu finden, auch schon mal zwei Jahre.

Diese Zeit als Mutant ist gar nicht so übel. Man kann zwar nicht mehr so hoch singen und sprechen, aber dafür bekommt man die tiefen Töne besser und das klingt manchmal schon richtig gut. Außerdem macht es auch Spaß auszuprobieren, welche Töne man jetzt erreicht und welche nicht – das kann sich nämlich täglich ändern. Und weil man nicht mehr den vollen Umfang in der Höhe hat, kann man auch einmal eine andere Chorstimme ausprobieren, nämlich Alt oder Tenor, vielleicht auch schon Bass. Das kann dann richtig Freude machen, zu einer Melodiestimme, die man schon lange kennt, eine andere, tiefere Stimme zu singen.

Mädchen kommen nicht in den Stimmbruch wie die Jungen. Es gibt aber manchmal bei älteren Mädchen durchaus Beobachtungen, dass sie im Laufe der Zeit Stimmsenkungen von 1 bis 2 Tönen haben.

Grundsätzlich ein Tipp: Wenn Jungen als Mutanten weitersingen, dann immer leise, so dass die Stimme nicht weh tut. Auch sonst sollte man sich als Mutant mit Schreien, Brüllen und ähnlichen Dingen zurückhalten; die Stimme wird danach wirklich schöner. Außerdem werden die Ohren in dieser Zeit wacher: Man hört auf einmal besser auf das eigene

Singen und auf das der anderen. Irgendwie scheint es manchmal, als könnte man in dieser Zeit auch schneller neue Stücke und schwierige Texte lernen.

Du merkst: Wenn Jungen erst einmal die neuen Möglichkeiten entdeckt haben, können sie auch ein bisschen stolz darauf sein. Dann ist diese Zeit eine tolle Chance für jeden Einzelnen, seine neue Stimme und für den Chor auch.

Stimmungsvolle Gleichberechtigung – Sopran, Alt, Tenor, Bass

Sicher hast du schon bemerkt, dass jeder Mensch nicht nur sein ganz typisches Aussehen hat, was ihn von allen anderen unterscheidet, sondern auch seine ganz eigene Stimme, die sonst kein anderer besitzt. Wie ist es sonst zu erklären, dass man Leute durchs Telefon allein am Klang ihrer Stimme erkennt?

Es geht einem oft beim Telefonieren so, wenn sich jemand mit „Hallo" oder „Ja" meldet: Man erkennt denjenigen nur an diesem einen Wörtchen. Dabei gibt es so viele Stimmen: helle, dunkle, harte, weiche, hohe, tiefe, schnelle, langsame, blasse, volle, nette usw.

Wenn man sich jetzt einmal die Mühe macht, diese verschiedenen Stimmen auch beim Singen auseinander zu halten, wird man merken, dass Mädchen, Jungen und Frauen grundsätzlich heller und

24

höher singen als Männer. Wenn man dann einmal einen Mann hört, der sehr hoch und hell spricht und singt, ist es gleich etwas Besonderes; manchmal muss man auch darüber lachen!

Dann gibt es bei Frauen und Männern einige, die bekommen besser die hohen Töne, und einige, die die tiefen besser singen können. Diese verschiedenen Möglichkeiten sind in den vier Stimmen eines Chores gut verteilt:

Im *Sopran* singen Knaben, Mädchen und Frauen, die einfach gut hoch singen können, ohne dass die Töne quietschen, eng oder hässlich werden. Bei vielen Chorstücken hat der Sopran die Melodie, was natürlich recht einfach ist. Aber es gibt auch Stücke, in denen der Sopran ganz hoch hinauf muss oder irre schnelle Noten hintereinander singen muss; das ist dann schon schwerer.

Diejenigen, die nicht so gerne hohe Töne singen, dafür aber ganz tolle tiefe Töne singen können – die so richtig in den Bauch kriechen –, singen im *Alt*. Die Stimme heißt nicht so, weil da nur alte Leute sitzen, sondern weil das lateinische Wort „altus" im Deutschen „höher" heißt, also: höher als die beiden Männerstimmen. Wer im Alt singt, muss vor allem gut hören und seine Stimme halten können, damit sie richtig zu den anderen passt, vor allem zu den Sopranen und Bässen.

Bei den Männern gibt es auch helle und dunkle, hohe und tiefe Stimmen. Die hohe Männerstimme heißt **Tenor**. Es kommt nicht so oft vor, dass ein Mann so richtig schön hoch singen kann. Deswegen ist in vielen Chören der Tenor die Stimme mit den wenigsten Leuten. Diese müssen nicht nur Höhe haben, sondern auch gute Ohren und viel Mut; manche Stellen sind nämlich nur für Tenor alleine komponiert.

Dann gibt es noch die tiefe Männerstimme, die heißt **Bass**. Die meisten Männer sind Bass oder *Bariton* (das ist eine Zwischenstimme zwischen Bass und Tenor) und sind für den Chor ganz wichtig. Wie ein großes Haus auf einem festen Fundament steht, so steht der Chor klanglich auf der Bass-Stimme. Da muss man gut Sprünge singen können, eine lockere Tiefe haben und schon sehr gut auf die anderen drei Stimmen hören können.

So besteht ein großer (man sagt auch „gemischter") Chor aus vier verschiedenen Stimmen, die alle eine wichtige Rolle haben und die alle auch ihre Schwierigkeiten und Schönheiten besitzen. Wenn man nur eine Stimme aus dem Chor wegnehmen würde, wäre der Chor oder das Stück nicht komplett, so dass es jeder merken würde. Es ist eine tolle Sache, wie die verschiedenen Stimmen mit ihren je eigenen Stärken und Möglichkeiten einen Chor oder – durch die Komposition, die Zusammensetzung – ein Musikstück vollkommen machen.

Errare humanum est –
keine Angst vor Latein!

Du hast gewiss schon mitbekommen, dass Latein eine Fremdsprache ist; ja sie ist sogar die Sprache, aus der die romanischen Fremdsprachen (Italienisch, Französisch, Spanisch) hervorgegangen sind.

Die Überschrift ist ein lateinischer Satz und heißt übersetzt: „Irren ist menschlich"!

Viele Menschen meinen, wenn sie zur lateinischen Sprache befragt werden: „Ach, das ist doch eine tote Sprache!" Aber stimmt das wirklich?

Gewiss ist es so, dass heute niemand mehr Latein als seine Muttersprache bezeichnen kann, eine Sprache also, die man von Kind auf gelernt und gesprochen hat.

Allerdings kann man eine Sprache,
- die auf der ganzen Welt verbreitet ist,
- in der (einige) Menschen sich auch heute noch unterhalten können,
- in der (an Universitäten) sogar Vorlesungen gehalten werden,

- in der viele Texte und Bücher geschrieben sind,
- die der Textträger einer Fülle von so genannter „ernster" und geistlicher Musik ist,
- die sogar wieder als „Dialogsprache" in modernen Kinofilmen auftaucht,

schlecht als „tot" bezeichnen.

Auch braucht man Latein (als Schulfach), um später bestimmte Fächer studieren zu können; oder man muss sich die Grundkenntnisse während des Studiums mühsam aneignen.

Vor allem aber lässt sich Latein gut lesen und schreiben!

Es gibt nicht die Aussprache- und Rechtschreibprobleme wie in den anderen Sprachen.

Die Grammatik hat allerdings ein paar Besonderheiten, da Verb, Person und Zeit zu einem Wort zusammengezogen werden.

Beispiel:

wir werden singen = cantabimus

setzt sich zusammen aus:

singen = cantare

Zukunftsform (Futur) = bi

wir = mus

Diese zusammengesetzten Verbformen stehen oft am Satzende.

Geradezu ideal ist Latein für das Singen, vor allem, weil diese Sprache so viele Vokale (a, e, i, o, u) enthält.

Da es keine Aussprachprobleme gibt, können auch Kinder und Jugendliche sehr schnell mit ihr umgehen. So braucht man dann nur noch jemanden, der einem die Texte, die man singen möchte, übersetzt. Und da kannst und solltest du dann deinen Chorleiter oder den Pfarrer beziehungsweise Kaplan fragen.

Dazu kommt, dass es ein ganz besonderes Gefühl ist, zwar zu wissen, *was* man singt, es aber trotzdem mit anderen Worten ausdrückt!

Und es ist doch auch toll, wenn man Urlaub in einem anderen Land macht und trotzdem das Gloria, Credo, Sanctus und Agnus Dei „verstehen" kann – und das auf der ganzen Welt!

Also: Cantate Domino – Singet dem Herrn!

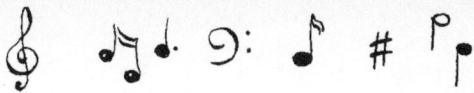

Aus dem Mund der Kinder schaffst du dir Lob – Psalmen und Lieder

Weißt du, was ein Psalm ist? Ein Psalm ist nichts anderes als ein Lied, das in der Bibel steht. Insgesamt gibt es 150 Psalmen, daher bilden sie innerhalb der Bibel auch ein eigenes Buch.

Psalmen sind schon sehr alt, etwa 2500 Jahre, und somit hat auch Jesus die Psalmen schon gekannt und gebetet. Oft werden sie auch die „Psalmen Davids" genannt, weil ihre Entstehung vor allem König David zugeschrieben wird. Er hat als begnadeter Dichter gewiss eine ganze Reihe der Psalmen geschrieben. Ob aber wirklich alle von ihm stammen, ist nicht sicher, aber auch nicht so wichtig.

Das Interessante an den Psalmen ist zum einen die bildhafte Sprache. Man kann sich gut vorstellen, was gesagt werden soll; letztlich geht es immer um die Beziehung der Menschen zu Gott.

Außerdem sind die Psalmen so geschrieben, als wären noch ein oder zwei Gesprächspartner anwesend, von denen einer immer Gott selbst ist. Dieser wird sogar mit „du" angeredet! Manchmal scheint es aber eher, als würde der Psalmist die Gedanken einer größeren Gemeinschaft vortragen.

Zum anderen beschreiben die Psalmen nicht nur einfach „fromme Gedanken", sondern Situationen, wie sie im Leben vorkommen: überschwängliche Freude, Vertrauen, Hoffnung, Anbetung, Lob, Dankbarkeit, Ehrfurcht, Vergebung, Zweifel, Sorgen, Nöte, Verlassenheit, Bitten, Ungerechtigkeit, Verfolgung, Todesnot, ja sogar Hass.

Die Psalmen bringen die Fragen zur Sprache, die die Menschen seit Jahrhunderten bewegen: Warum zum Beispiel muss der Gute leiden, warum geht es dem Bösen gut?

Wenn man also Psalmen betet (oder besser singt), dann kann man das unter dreierlei Gesichtspunkten tun:

1. Beten im wörtlichen Sinn:
Wenn man betet, dann nimmt man die Worte des Psalms so, als wären es die eigenen Worte; dann freut man sich selbst an der Schöpfung oder freut sich über Gottes Gegenwart und Hilfe.

2. Beten für andere, also stellvertretend für andere:
Man betet für die, die nicht (mehr) beten können
oder das Beten verlernt haben, und hofft, dass es
ihnen in irgendeiner Weise helfen wird.

*3. Fortführen der Tradition, in der auch Jesus
Christus gebetet hat*:
Als Jesus lebte, waren die Psalmen schon etwa 500
Jahre alt. Ein gläubiger Jude kannte damals das Alte
Testament und damit auch die Psalmen auswendig
und betete sie. Wir wissen von mehreren Stellen,
dass auch Jesus sehr viel gebetet hat. So hat er, als
er am Kreuz hing, vermutlich den Psalm 22 „Mein
Gott, mein Gott, warum hast du mich verlassen"
gebetet. Wenn du also Psalmen singst, dann führst
du ein Stück von dem weiter, was Jesus auch auf
Erden getan hat.

Das Kirchenlied hat eine Tradition, die schon einige hundert Jahre alt ist. Es entstand, weil man das einfache Volk am Gottesdienst beteiligen wollte.

So entwickelten sich Strophenlieder, Sequenzen, Hymnen, Ruflieder, Leisen (zum Beispiel: Christ ist erstanden) und Kontrafakturen, das sind Lieder mit geistlichem Text, deren Melodien aus dem weltlichen Bereich stammen.

Vor etwa 400 Jahren wurde das deutsche Kirchenlied zunehmend bedeutender und die ersten pri-

vaten Sammlungen entstanden. Diese Lieder galten innerhalb der Liturgie zwar als zweitrangig, erfreuten sich aber beim Volk großer Beliebtheit. In den folgenden Jahrhunderten bemühten sich verschiedene Ordensgemeinschaften (vor allem Jesuiten), einzelne Pfarrer, Dichter und Berufsmusiker immer wieder um die Weiterentwicklung und Verbreitung der Lieder.

Im Laufe der Zeit entstanden so verschiedene Gesangbücher und der Stand war zwischen den einzelnen Diözesen sehr unterschiedlich.

Erst in den 30er Jahren des 20. Jahrhunderts verstärkten sich die Bemühungen, für den deutschsprachigen Raum eine Vereinheitlichung zu erreichen. Dies gelang dann nach dem II. Vatikanischen Konzil – darauf kommen wir noch zu sprechen – mit der Veröffentlichung des Einheitsgesangbuches „Gotteslob" (1975). Durch einen eigenen Anhang wurden die Vorlieben der einzelnen Diözesen für bestimmte Lieder erhalten.

Auffallend für die Weiterentwicklung des Kirchenliedes ist die inhaltliche Erweiterung der Texte. Früher kamen sie vor allem aus dem biblischen Bereich oder drückten Glaubenssätze aus. Heute sprechen die neuen Texte auch von Verantwortung:

Der einzelne Christ muss für das, was er tut, gera-
destehen. Außerdem beschreiben die Texte, welche
Fragen die Menschen heute haben und was sie sich
erhoffen oder ersehnen.

Erfreulich ist nach wie vor die Singfreude, die
in den Gemeinden zu beobachten ist und die viele
Neugründungen von Chor- und Singgemeinschaften
mit sich brachte. Da du auch zu so einer Chorgemeinschaft gehörst, geht eine wichtige Entwick-
lung weiter: für dich, für deine christliche Gemeinde und die Kirche überhaupt. Wenn die Kirche auch
im neuen Jahrtausend die Botschaft Jesu den Menschen als eine „Frohe Botschaft" verkündigen will,
dann muss sie es singend und mit Musik tun.

Die drei Säulen der Kirche – Verkündigung, Feier, Nächstendienst

Das Leben des Menschen unterscheidet sich ganz erheblich von dem der übrigen Schöpfung. Der Mensch kann über sich und die Welt, die ihn umgibt, nachdenken. Er kann Dinge und Zusammenhänge erkennen, sie einordnen und in gewissem Maß auch lenken oder verändern.

Gerade deswegen beschäftigen ihn Fragen wie:

- Woher komme ich, wer bin ich, wohin gehe ich?
- Wozu bin ich auf der Erde, welchen Sinn hat mein Dasein?

Auch dir gehen bestimmt schon oft ganz viele Ideen durch den Kopf; du überlegst, was du gerne einmal erfinden würdest, was du einmal machen und verwirklichen möchtest, was du gerne einmal ausprobieren würdest.

Dies ist ein Zeichen für die Phantasie oder auch den schöpferischen Erfindungsgeist, der im Menschen schlummert.

Nun gibt es Menschen, die zum Beispiel eine gemeinsame Aufgabe oder Idee verwirklichen wollen. Dann setzen sie sich zusammen und entwerfen ein „Programm", damit sie ihr Ziel nicht aus den Augen verlieren. Auch jeder, der sich diesem Ziel neu anschließen möchte, weiß dann, worauf es ankommt und wo die Schwerpunkte sind.

In der Kirche ist das ähnlich. Ihre Aufgaben und Ziele aus dem christlichen Glauben heraus kann man mit drei Worten umschreiben:

• Verkündigung (des Wortes Gottes),
• Feier des Glaubens (Liturgie),
• Nächstendienst.

Diese drei Bereiche werden auch oft die „drei Säulen der Kirche" genannt.

Viele Menschen und Gruppen versuchen, diese einzelnen Bereiche zu verwirklichen: Frauen und Männer lesen anderen Menschen aus der Bibel vor und versuchen, ihnen das Wort Gottes nahe zu bringen. Andere versuchen, einander auf dem Glaubensweg zu begleiten. Wieder andere kümmern sich um die Pflege und den Erhalt der Kirche, der Einrichtung und der liturgischen Geräte und Gewänder. Manche sorgen sich um die würdige Gestaltung der kirchlichen Feiern und Feste.

Viele Menschen kümmern sich um Zugezogene, Kinder und Jugendliche und um benachteiligte, ausgestoßene und einsame Mitmenschen, andere arbeiten in christlichen Krankenhäusern und Pflegediensten.

Die Kirchenmusik, und damit auch das Chorsingen innerhalb einer kirchlichen Gemeinschaft – so wie du es machst –, ist einer der wenigen Bereiche, der alle drei Säulen beinhaltet und umsetzt.

Wenn du singst „Den Herrn will ich preisen von ganzem Herzen …" (Psalm 111), dann singst du ein Stück aus der Bibel und hältst damit diese Worte lebendig. Durch Gesang können diese Worte die Menschen, die sie anhören, auf eine ganz wunderbare Weise erreichen. Oft hat dies eine tiefere Wirkung, als wenn man Texte nur vorliest.

Immer wenn du also die Vertonung eines Bibeltextes singst, hast du damit teil an der *Verkündigung* des Wortes Gottes in unserer Welt. Du sorgst dafür, dass die Worte der Bibel und die Botschaft von Jesus Christus nicht in Vergessenheit geraten – im Gottesdienst und über den Gottesdienst hinaus. Das ist eine ganz wichtige Aufgabe! Du stellst gleichzeitig eine „Zeitbrücke" zwischen dem Komponisten und uns heute lebenden Menschen her, du gibst also nicht nur die Tradition des Musizierens, sondern vor allem auch Glaubenserfahrung weiter.

Musik gehört zur Liturgie, also zu jeder Art von Gottesdienst. Wenn es keine Musik gibt, ist es nicht nur halb so schön, sondern es fehlt ein wichtiger

Teil der Feier. Gewiss hast auch du schon einmal einen Gottesdienst erlebt, bei dem so schöne Musik gemacht wurde, dass es dir ganz feierlich ums Herz wurde. Besonders wenn viele Menschen zusammen im Gottesdienst mitwirken, wird die Feier zu einem wahren Ereignis.

Musik spielt bei der *Feier des Glaubens* auch deshalb eine bedeutende Rolle, weil neben den Bibeltexten auch viele Gebete gesungen werden können. Außerdem ist ein Gottesdienst in der heutigen Zeit eine der wenigen Veranstaltungen, die bewusst für alle Altersstufen gedacht ist.

Noch etwas: Auch Instrumentalmusik zur richtigen Zeit kann Stimmungen ausdrücken und verschiedene Gefühle in uns wecken. Das hast du bestimmt auch schon bemerkt, wenn zum Beispiel alle zur Kommunion gehen und Musik ertönt. Sie kann liturgische Handlungen begleiten und sie kann besondere Gedanken in den Vordergrund heben.

Nicht wenige Menschen kommen in einen Gottesdienst, weil sie dort „auftanken" möchten: Sie erhoffen sich Kraft und seelische Hilfe für ihren Alltag. Gerade auch ältere Menschen freuen sich besonders, wenn sie Kinder im Gottesdienst erleben. Dies ist auch ein Hoffnungszeichen für die Zukunft der Kirche und die Weitergabe des Glaubens.

Kirchenmusik ist aber auch ein *Dienst am einzelnen Menschen* selbst. Die Gründung von Chor- und Instrumentalgruppen schafft Gemeinschaft innerhalb der Pfarrgemeinde. Dir wird damit die Möglichkeit gegeben, deine Freizeit sinnvoll zu gestalten. Außerdem kannst du außerhalb der Schule neue, gleichgesinnte Freunde finden. Und deine Eltern dürfen sicher sein, dass du in deiner Chorgemeinschaft gut aufgehoben bist.

In einer Chor- oder Instrumentalgruppe kannst du deine Talente und Begabungen entfalten. Du lernst außerdem kirchliche Riten und Gebräuche kennen und übst soziales Verhalten; denn ein guter Chor entsteht nur, wenn alle das gleiche Ziel haben und der Einzelne sich in die Gruppe einfügt. Im Laufe der Zeit lernst du eine Menge Lieder und Chorstücke kennen und damit ein bisschen von unserer Musikkultur. Dies ist ein wichtiger Beitrag zu deiner Bildung. In deiner Gruppe kannst du auch die Erfahrung machen, dass Lernen außerhalb der Schule zwar Zeit, Mühe, Einsatz und Treue kostet, aber zusätzlich sehr viel Spaß macht und zu schönen Erlebnissen führt. Manchmal können musikalische Fähigkeiten auch über manch anderen Frust hinweghelfen.

Auch bei Erwachsenen spielt der Nächstendienst eine größere Rolle, als man oft meint. Junge Familien finden in einem Chor rasch Anschluss, wenn sie sich nach einem Umzug einen neuen Bekanntenkreis aufbauen müssen. Viele, die einen anstrengenden oder ungeliebten Beruf haben, finden beim Chorsingen einen sinnvollen und wohltuenden Ausgleich. Junge Mütter oder Väter entdecken neben der Familie ein neues Hobby und gönnen sich „ihren" (Proben-) Abend in der Woche.

So manch einer, der an sich selber zweifelt, erfährt durch die Ausbildung seiner Stimme ein ganz neues Selbstbewusstsein. Menschen, die überraschend einen lieben Angehörigen verloren haben oder vorzeitig in den Ruhestand gegangen sind, finden wieder eine neue Gemeinschaft und Aufgabe.

Chorsingen und gemeinsames Musizieren verbindet die Menschen. Außerdem sind gute Chorgemeinschaften wichtige Gruppen innerhalb einer Pfarrgemeinde, die das Leben mitgestalten und anpacken, wenn Hilfe gebraucht wird.

Daran knabbern manche noch heute – die Erneuerung nach dem II. Vatikanischen Konzil (1962–1965)

Wenn du heute in einen Gottesdienst gehst, dann hat dieser eine ganz bestimmte Form. Die ausgewählten Texte und Gebete, die Lieder und Instrumente, die Gewänder und Geräte sind dir vertraut.

Der Ablauf der Gottesdienste, wie wir sie jetzt kennen, war aber nicht immer so. Diese Strukturen haben sich im Laufe der Jahrhunderte erst nach und nach entwickelt. Vor knapp 40 Jahren sah die Liturgie noch ganz anders aus. Dann fand das II. Vatikanische Konzil in Rom, im Vatikan, statt und danach wurden einige Neuerungen auf den Weg gebracht.

So ein Konzil wird vom Papst einberufen – damals war das Johannes XXIII. – und dann kommen die Bischöfe aus der ganzen Welt zusammen und beraten und diskutieren viele Tage lang über wichtige Fragen und Themen innerhalb der Kirche.

Bei diesem Konzil war das Thema Liturgie und Kirchenmusik sehr bedeutend. Die Diskussionen mündeten in einer grundlegenden Liturgiereform, das heißt, viele Dinge im Gottesdienst wurden neu geordnet und festgelegt:

1. Musik ist Bestandteil der Liturgie:
Sie gehört als wichtiges Element nun in jede Art von Gottesdienst, vorher war sie nur als schöne Verzierung angesehen worden oder diente dazu, das Volk zu beschäftigen und die Andachtsübungen zu unterstützen. Durch die Reform wurde das grundlegend anders: Die Kirchenmusik wurde als wertvoller Schatz bezeichnet, den es zu pflegen und zu vergrößern gilt. Auch das Schweigen wurde als liturgisches Element im Gottesdienst erwähnt.

2. Verschiedene liturgische Rollen wurden neu bewertet oder sogar neu geschaffen:
Die Gemeinde ist nun selbst Trägerin der Liturgie und soll tätig daran teilnehmen (vorher vollzog nur der Priester die Liturgie, das Volk schaute gewissermaßen nur zu). Die Rolle des Kantors wurde neu eingesetzt; die Kirchenchöre wurden als wahrhaftiger liturgischer Dienst neben den Lektoren, Kom-

mentatoren und Ministranten eigens erwähnt. Dazu kommt, dass die Förderung der Sängerchöre und die Bildung der Mitglieder in musikalischer, liturgischer und geistlicher Hinsicht ausdrücklich gefordert wurden.

3. Zulassung der Muttersprache:
Noch vor dem Konzil wurde die Liturgie in Latein gehalten. Das bedeutete vor allem, dass die vielen Menschen im Volk, die kein Latein konnten, von dem Gesagten gar nichts verstanden.

Seit dem Konzil darf nun zu dem Latein, das als weltumspannende Sprache erhalten bleiben soll, die jeweilige Muttersprache eines Landes treten. Bei uns dürfen seitdem die Bibellesungen und alle Gebete in Deutsch vorgetragen werden. Außerdem kam dadurch der Volksgesang des ganzen deutschsprachigen Raumes in die Liturgie.

4. Beachtung der Formenvielfalt der Musik:
Großer Wert wird auf die verschiedenen musikalischen Formen gelegt. Dazu gehören zum Beispiel Ruf, Kehrvers, Wechselgesänge, Strophenlieder, Responsorien, Liedsätze, Motetten, Messen, Kantaten bis hin zu Oratorien und Passionen.

5. Beachtung der verschiedenen Funktionen von Musik:

Musik hat verschiedene Funktionen: liturgische, antwortende, begleitende, selbständige, meditativ-betrachtende, vertiefende.

6. Der Priester steht mit dem Gesicht zum Volk:
Vor der Liturgiereform stand der Priester vor dem Volk und zelebrierte die heilige Messe am Hochaltar; die Gemeinde sah von ihm nur den Rücken. Nach dem Konzil wurden die Altäre mehr in die Mitte des Kirchenraums gestellt, der Priester steht nun dahinter, so dass er die Gemeinde anschauen kann. Damit soll verdeutlicht werden, dass Jesus Christus ein Mahl der Gemeinschaft gestiftet hat und dass sich alle Gläubigen um seinen Tisch versammeln sollen.

Du siehst, was uns heute so vertraut ist, war nicht immer so. Viele der älteren Menschen, die die Liturgie von früher noch kennen, mussten sich natürlich erst an die ganzen Neuerungen gewöhnen und nicht allen ist das leicht gefallen.

Es gibt auch Einzelne, die noch nicht ganz verstanden haben, dass Gott alle Menschen ansprechen und erreichen will – egal woher sie kommen oder wie gebildet sie sind. Die neue Liturgieordnung fordert gerade dazu auf, sich aktiv zu beteiligen. Einen Gottesdienst, der „nur" vorgesetzt wird oder von wenigen „aufgeführt" wird, soll es nicht mehr geben.

Dies ist sehr wichtig und darum sollen auch viele Menschen im Gottesdienst mitwirken: Kinder, Jugendliche, Erwachsene, Männer und Frauen. Sie alle sollen als Gemeindemitglieder, Instrumentalisten und Sänger verschiedene Aufgaben übernehmen:

Das Lob Gottes ist die Aufgabe aller Menschen.

Eine Neuerung des Konzils war auch, die Laien (also alle, die keine Priester- oder Diakonweihe haben) stärker an der Arbeit in der Kirche zu beteiligen. Verantwortung für die Weitergabe des Glaubens und ein überzeugendes christliches Handeln haben nämlich alle Getauften.

So wurden in den Pfarrgemeinden eigene Gruppen gegründet, die zusammen mit dem jeweiligen Pfarrer die anstehenden Fragen und Probleme besprechen, Beschlüsse darüber fassen, was gemacht wird, und Gemeindeleben und Seelsorge aktiv mitgestalten und mittragen. Diese Gruppen nennt man:

• Pfarrgemeinderat und
• Stiftungsrat oder Kirchenvorstand.

Die Personen, die diesen Gruppen angehören, werden von den Mitgliedern der Pfarrgemeinde für ein paar Jahre gewählt. Der Pfarrgemeinderat kann für bestimmte Bereiche Arbeitsgruppen (Ausschüsse) bilden; jede Arbeitsgruppe kümmert sich dann speziell um ihren Bereich.

Für dich als Chorsänger oder Chorsängerin ist es wichtig zu wissen, dass es in vielen Pfarrgemeinden so einen Arbeitskreis „Liturgie" gibt. In ihm sind Männer, Frauen und vielleicht auch Jugendliche aktiv, die Gottesdienste, geistliches Leben und Fortführung von guten Traditionen wichtig finden.

Auch der Kirchenmusiker ist normalerweise Mitglied in diesem Arbeitskreis, denn vieles muss sehr zeitig geplant und mit zahlreichen Personen in der Gemeinde abgesprochen werden.

Nicht immer dasselbe –
Gottes-Dienste sind verschieden

Seit den Anfängen der Christenheit haben die Menschen gespürt, dass man seinen Glauben nicht alleine leben kann. So beschlossen sie, regelmäßig zusammenzukommen und das ganz eisern durchzuhalten. Bei diesen gemeinsamen Treffen tauschten sie sich über das aus, was sie mit Jesus erlebt hatten. Dabei erinnerten sie sich auch an das, was er ihnen aufgetragen hatte: „Liebt einander wie ich euch geliebt habe" und „Gehet hin in alle Welt und verkündet die Botschaft vom Reich Gottes". Das gemeinsame Mahl wurde Agapefeier (Liebesmahl) genannt.

Gott ist es, der die Menschen zum Gottesdienst versammelt und Jesus Christus ist der Herr jeder versammelten christlichen Gemeinschaft („Wo zwei oder drei in meinem Namen versammelt sind, da bin ich mitten unter ihnen").

Anders ausgedrückt: Gott ist in dreierlei Weise bei den Menschen:

- Wenn die Christen sich versammeln – dann ist *er* in dieser Gemeinschaft bei ihnen;
- wenn sie die Worte der Bibel hören – dann spricht *er sein* Wort zu den Menschen;
- in den Gestalten von Brot und Wein – dann ist *er* den Menschen ganz nah.

Aus dieser Vorstellung heraus haben sich im Laufe der Jahrhunderte verschiedene Formen von Gottesdiensten entwickelt: zum Beispiel die Tageszeitenliturgie, verschiedene Andachten, meditative Gebetsformen, unterschiedliche Wortgottesdienste und als „Quelle und Höhepunkt" aller Gottesdienste die Eucharistiefeier – die heilige Messe. Allen Formen liegen folgende Elemente zugrunde:

- Gott ruft uns und wir versammeln uns;
- wir beginnen in seinem Namen;
- wir loben und danken Gott
  (wir dürfen auch klagen);
- Gott spricht zu uns (Bibellesung);
- wir antworten darauf;

- wir beten für andere und für uns;
- Gott sendet uns.

Wie du siehst, haben Lob, Verehrung, Anbetung, das Hören auf die Schrift und das Beten für andere einen festen Platz in allen Gottesdiensten. In einigen Gottesdiensten steht die Erklärung der Bibelgeschichten für uns heute lebende Menschen im Mittelpunkt (Predigt, Katechese), in anderen mehr die Meditation und Stille, in der heiligen Messe zusätzlich das Gedenken an das letzte Abendmahl.

Nicht vergessen sollte man, dass man Gott auch seine Sorgen, Nöte und Probleme anvertrauen darf, und das nicht nur in Bezug auf die eigenen Anliegen, sondern vor allem auch stellvertretend für andere Menschen.

Die Vielfalt von Gottesdiensten, die wir heute kennen, ist wichtig. Zum einen bringt es Abwechslung, zum anderen sind auch die Lebenssituationen der Menschen unterschiedlich. Nicht jeder hat gleich viel Zeit, nicht jeder kann alles gleich gut, und nicht jeder kennt alle Menschen einer Gemeinde oder kommt mit allen anderen gleich gut zurecht.

So wie der Mensch jeden Tag essen muss, um

zu leben, und doch ab und zu ein Fest mit einem Festmahl braucht, so braucht der Mensch auch unterschiedliche Gestaltungsmöglichkeiten des geistlichen Lebens.

Stell dir vor, du würdest immer nur deine absolute Lieblingsspeise essen, und das nur einmal in der Woche – sonst gibt es nichts –, dann würdest du doch sterbenskrank werden.

Die tägliche Nahrung ist wichtig, auch im geistlichen Leben. Wenn die „Grundversorgung" stimmt, dann kann man auch Feste wirklich als Höhepunkte im Leben feiern.

Die unterschiedlichen Gottesdienstformen kann man sich in ihrer Vielfalt daher als eine Pyramide vorstellen.

Einige dieser Gottesdienste sollen von ihrem Aufbau her näher beschrieben werden:

Laudes (Morgenlob)
Ausgeruht von der Nacht beginnt der Mensch seinen neuen Tag und tritt dankend und lobpreisend vor Gottes Angesicht.
Eröffnung
Invitatorium (Weckruf) oder Hymnus (Lobgesang)
1. Psalm

2. Psalm
Gesang aus dem Alten (Ersten) Testament
Lesung (Bibeltext)
Antwortgesang
Lobgesang des Zacharias (Benedictus)
Fürbitten
Vaterunser
Entlassung/Segen

Vesper (Abendgebet)
Eröffnung
Hymnus
1. Psalm
2. Psalm
Gesang aus dem Neuen (Zweiten) Testament
Lesung (Bibeltext)
Antwortgesang
Lobgesang Mariens (Magnificat)
Fürbitten
Vaterunser
Entlassung/Segen

Komplet (Nachtgebet)
Der Tag ist vergangen („komplett"), müde gewor-
den von der Arbeit legt der Mensch alles Gewese-

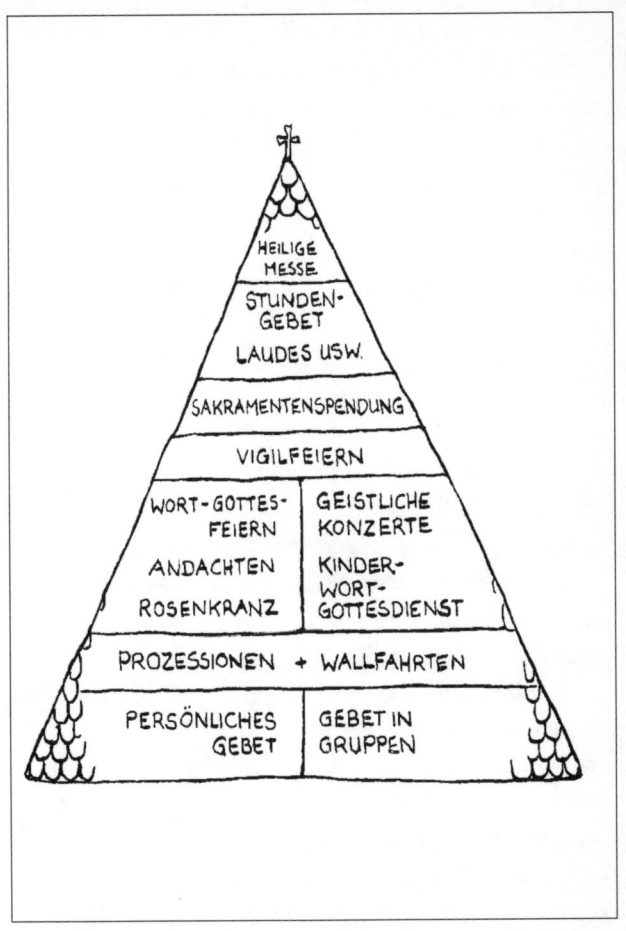

ne, aber auch das nicht Erreichte oder das miss-
lungene Werk vertrauensvoll in Gottes Hand.

Eröffnung

Hymnus

Psalm

Kurzlesung

Antwortgesang

Lobgesang des Simeon (Nunc dimittis)

Gebet

Segen

Mariengruß

Quelle und Höhepunkt des christlichen Lebens und
Gipfelpunkt aller Gottesdienstformen ist die heilige
Messe.

Sie ist die Feier von Tod und Auferstehung Jesu
Christi, die Gedächtnisfeier seines Lebens und Wir-
kens und das gestiftete Herrenmahl in einem.

Auch die Sakramente Erstkommunion und Fir-
mung finden innerhalb der heiligen Messe statt, oft
auch Eheschließungen, manchmal auch Taufen.

Der Aufbau der **heiligen Messe** ist:

Eröffnungsgesang

Begrüßung/Einführung

Schuldbekenntnis
Kyrie
Gloria (nicht in der Advents- und Fastenzeit)
Tagesgebet
1. Lesung
Antwortpsalm
2. Lesung
Ruf vor dem Evangelium (Halleluja)
Evangelium
Predigt
(eventuell Sakramentenspendung)
Credo
Fürbitten

Gabenbereitung
Präfation/Sanctus
Hochgebet/Wandlung
Vaterunser
Friedensgruß
Agnus Dei
Kommunionspendung
Dank
Vermeldungen/Ankündigungen
Segen
Entlassung

Zu beachten ist, dass das Gloria in der Advents-
und Fastenzeit entfällt. Auch der Ruf vor dem Evangelium (Halleluja) wird in der Fastenzeit durch einen anderen Christusruf ersetzt.

Es kommt heute schon häufiger vor, dass nicht
mehr jede Pfarrgemeinde einen eigenen Priester hat,
wie es früher der Fall war. Dieser Priestermangel
bedeutet für die Gemeinden, dass in Zukunft wahr-
scheinlich nicht mehr an jedem Sonntag eine heilige Messe gefeiert werden kann. Dafür soll dann ein
Wortgottesdienst stattfinden (der von einer anderen
Person geleitet wird).

Das Wichtigste ist nämlich, dass wir nicht aufhören, Gott zu loben. Wir begegnen ihm in seinem Wort, das er zu uns spricht, antworten darauf und bezeugen durch das sonntägliche Treffen unseren Glauben. Die Begegnung mit vertrauten Gesichtern in der Pfarrgemeinde stärkt die Gemeinschaft und schenkt ein Gefühl von Geborgenheit.

So ein Wortgottesdienst hat dann meist den Aufbau vom ersten Teil der heiligen Messe: von der Eröffnung bis zu den Fürbitten. Dann schließen sich das Vaterunser, der Friedensgruß, die Mitteilungen und die Segensbitte mit Entlassung an.

Der Wortgottesdienst kann aber auch die Form der Laudes haben oder als meditativer Andachtsgottesdienst gestaltet werden: Dann bildet die Meditation, das Nachdenken über die gehörten Schriftlesungen, einen besonderen Schwerpunkt.

Damit gerade auch solche Gottesdienste schön und feierlich werden, spielt die Musik eine große Rolle.

Nicht vergessen werden dürfen außerdem besondere Gottesdienste wie Tauffeiern, Beerdigungen und Trauungen/Hochzeiten. Auch wenn sie als eigene Gottesdienste gefeiert werden – also nicht innerhalb einer heiligen Messe –, sind sie immer Gemeindegottesdienste und keine „Privatfeiern". In diesen Gottesdiensten werden dann die entsprechenden Riten vollzogen: Taufe mit Weihwasser, Salbung mit Crisam-Öl, Besprengung des Grabes mit Weihwasser, Eheversprechen, Tauschen der Ringe.

Weitere Gottesdienste sind: Wortgottesdienste für Kinder, das Rosenkranzgebet, verschiedene Andachtsformen (zum Beispiel Maiandachten), Wallfahrten und Prozessionen, ökumenisches (= alle Christen zusammen betreffendes) Friedens- oder Stadtgebet.

Einige für alle, alle für *einen* – Die liturgischen Dienste in einer Pfarrgemeinde

In der Kirche und in einer Pfarrgemeinde gibt es viele verschiedene Aufgaben und Aktivitäten. Deine Aufgabe, das Singen in einem Kinder- oder Jugendchor, gehört auch dazu.

Die Vielfalt der Aufgaben sehen wir auch im Gottesdienst: Gerade seit der Neuordnung der Liturgie durch das II. Vatikanische Konzil sind die einzelnen Aufgabenbereiche, auch „Rollen" genannt (ähnlich wie beim Theater), genauer beschrieben worden.

Alle Aufgabenbereiche sind auf die Mitte in jedem Gottesdienst ausgerichtet: auf Jesus Christus.

Jedes liturgische Amt hat dabei eine ganz bestimmte Aufgabe, die der Amtsinhaber oder die Amtsinhaberin stellvertretend für alle anderen Gottesdienstteilnehmer ausübt (in der Bibel steht: Es gibt verschiedene Dienste, aber nur den einen Herrn [1 Kor 12,5]).

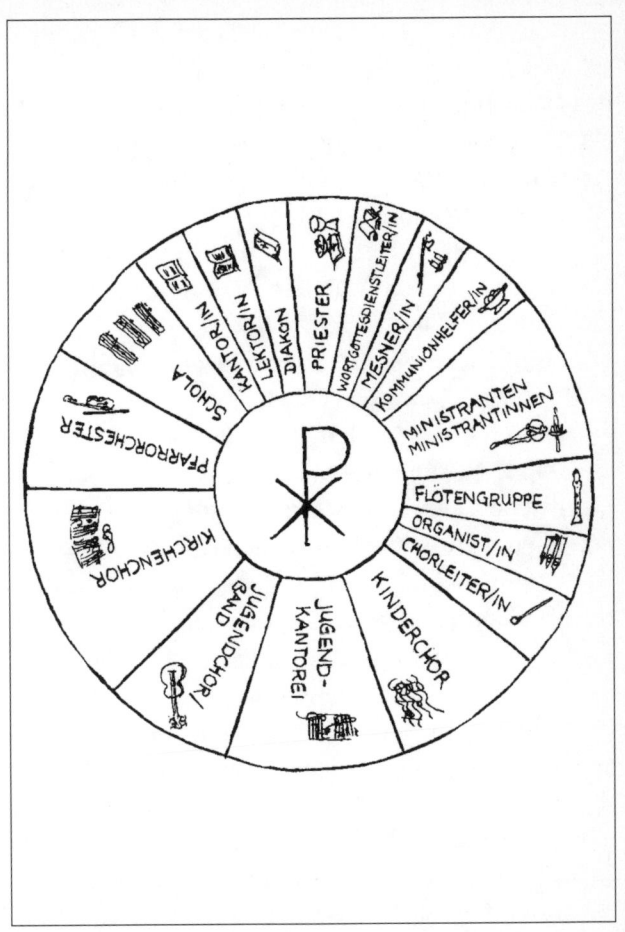

Man soll seine Aufgabe gewissenhaft und gut tun, aber gerade deshalb auch nur diese eine Aufgabe übernehmen und nicht zwischen mehreren „Pöstchen" hin und her springen.

Alle Aufgaben dienen dazu, Gott die Ehre zu erweisen, sein Wort den Menschen nahe zu bringen und zu deuten, gemeinsam den Glauben zu bezeugen, zu christlichem Handeln zu ermutigen und den Glauben vor allem zu feiern.

Für die Übernahme einer solchen Aufgabe oder Rolle gibt es ganz verschiedene Voraussetzungen. Die allererste ist, einfach „da" zu sein. So kann eine Gemeinde entstehen. Aus ihr heraus bilden sich die liturgischen Dienste, die eine Gruppe oder Einzelpersonen wahrnehmen können. Die meisten dieser Dienste werden ehrenamtlich ausgeführt, das heißt, man bekommt dafür kein Geld, sondern übt sie in seiner freien Zeit aus. Dazu gehören auch die Kommunionhelfer, die Ministranten und dazu gehörst auch du mit deinem Chor. Ihr alle verseht euren eigenen liturgischen Dienst. Auch wenn es keine Bezahlung gibt: Auf diese Dienste wird großer Wert gelegt. Die Menschen sollen daher auf ihre Aufgabe gut vorbereitet und in ihren Dienst eingeführt werden. Aber auch darüber hinaus sind stetige Betreuung, Motivation und Fortbildung wichtig. Einige Einzeldienste sind zu einem bezahlten Beruf geworden: Sie bringen einen erheblichen Zeitaufwand und persönliche Anforderungen mit sich, sie setzen eine fachkundige Ausbildung oder gar ein ganzes Studium voraus.

Diese Menschen betreuen diejenigen, die in den oben erwähnten ehrenamtlichen Diensten tätig sind, bemühen sich um deren Fortbildung und halten immer wieder nach stetigem Nachwuchs Ausschau. Diese pastoralen Berufe (Pfarrer, Kaplan/Vikar, Kirchenmusiker (Organist und Chorleiter), Pastoralreferent, Gemeindereferent, Mesner/Küster) werden auch oft Seelsorgeteam genannt; zum pastoralen Bereich gehören darüber hinaus noch die Pfarrsekretärin und die Erzieherinnen eines Pfarreikindergartens.

Wünschenswert ist es, dass möglichst viele der liturgischen Dienste in jedem Gottesdienst ihren Platz haben. Wichtig ist auch, dass alle, die einen liturgischen Dienst vollziehen, sich gegenseitig im Blick haben; man sollte sich achten, miteinander guten Kontakt pflegen, sich abstimmen und eine gemeinsame Vorstellung von christlicher Gemeinde haben. Wo dies gelingt, da ist oft ein reges und interessantes Gemeindeleben mit schönen und ansprechend gestalteten Gottesdiensten zu finden.

Die einzelnen liturgischen Dienste sollen nun kurz beschrieben werden:

Priester/Pfarrer:
Stellvertretend für den Bischof ist der jeweilige Pfarrer Leiter der Pfarrgemeinde; er ist unverzichtbar in der heiligen Messe, da er bei der Wandlung die Worte Jesu über Brot und Wein spricht; er vollzieht den Trauungsritus (das Sakrament selbst spendet sich das Brautpaar) und kann außer der Priesterweihe alle anderen Sakramente spenden – Firmspendung von ihm ist allerdings selten (das macht normalerweise der Bischof); er soll die Frohe Botschaft verkünden und die Heilige Schrift auf die heutige Zeit hin deuten; er soll die Gemeinde auf

dem Glaubensweg begleiten und führen, vor allem Charismen (Begabungen) in seiner Gemeinde entdecken, zu christlichem Handeln ermutigen und überzeugend vorleben und er soll die Einheit mit der Weltkirche halten.

Kaplan/Vikar:
Er ist bereits geweihter Priester und kann alle amtlichen Handlungen ausführen, befindet sich aber noch in der seelsorgerischen Ausbildung; oft ist ihm die Jugend- oder Messdienerarbeit anvertraut.

Diakon (haupt- oder nebenberuflich tätig):
Er ist Assistent des Priesters in der heiligen Messe. Seine wichtigste Aufgabe besteht darin, das Evangelium vorzulesen; er trägt beim Ein- und Auszug auch oft das Evangeliar (Buch mit dem Text der vier Evangelien); er kann in vielen Bereichen der Seelsorge wirken, die Taufe und Krankensalbung spenden, Trauungen vollziehen und Beerdigungen halten.

Kirchenmusiker (Organisten, Chorleiter):
Der Organist ist für die musikalische Ausgestaltung der Gottesdienste durch Orgelspiel verantwortlich:

größere Stücke für Prozessionsbegleitung, Vorspiele zu Liedern, das unterschiedliche Begleiten von Liedern, meditatives Orgelspiel, Begleiten von Sängern und Chor- oder Instrumentalgruppen, auch Spiel in geistlichen Konzerten u.Ä.

Die Chorleitung muss die verschiedenen Gottesdienste (und geistlichen Konzerte) mit Gesang und Instrumentalmusik ausgestalten; sie fördert Einzelpersonen und musikalische Gruppen aller Altersstufen in der Pfarrgemeinde. Außerdem sollte sie geschickt darin sein, das passende Gesang- oder Instrumentalstück zu den jeweiligen Anlässen im Kirchenjahr zu finden und diese möglichst eng auf die Liturgie und Schriftstellen des Tages abzustimmen.

Darüber hinaus kann ein (hauptberuflicher) Kirchenmusiker auch die liturgische Fortbildung in einer Pfarrgemeinde übernehmen, den Arbeitskreis Liturgie leiten, eine geistliche Konzertreihe durchführen u.Ä.

Kirchenmusiker, die Aufgaben über die Pfarrgemeinde hinaus haben, übernehmen oft die Aus- und Fortbildung nebenberuflicher Kirchenmusiker; sie können auch von Pfarrgremien und -gruppen als

Referenten für musikalische, liturgische und pädagogische Themen angefragt werden.

Küster/Küsterin (Mesner):
Der Küster bereitet alles für den Gottesdienst vor und räumt alles wieder an seinen Platz, assistiert gegebenenfalls (wenn keine Messdiener da sind), hält alle Geräte und Gewänder in Ordnung, trägt Sorge für den Kirchenraum, sein Inventar (Inneneinrichtung) und seine Ausgestaltung (besonders Schmuck bei Festen), läutet die Glocken.

Wortgottesdienstleiter, Vorsteher:
Auch Laien können (außer der heiligen Messe) Gottesdienste leiten; dazu gehören vor allem die Eröffnung und Begrüßung sowie die Entlassung, eventuell auch das Vorbeten bei Wechselgebeten; in manchen Diözesen („Verwaltungsbezirk" eines Bischofs) können sie auch Beerdigungen halten.

Lektor/Lektorin (lateinisch: legere = lesen):
Der Lektor liest in den verschiedensten Gottesdiensten die Schriftstelle aus der Bibel vor, übernimmt meist auch noch die Fürbitten, manchmal auch die Vermeldungen.

Kantor/Kantorin (lateinisch: cantare = singen):
Der Kantor singt in der heiligen Messe den Antwort-
psalm, der auf die 1. Lesung folgt, wie auch den
Ruf vor dem Evangelium (Halleluja); bei Liedern
mit Wechselteilen übernimmt er den V- (Vorsänger)
Abschnitt, in anderen Gottesdienstformen auch das
Vorsingen von Psalmen.

Kommunionhelfer:
Sie helfen bei der Kommunionspendung in der heiligen Messe oder auch in Wortgottesdiensten, indem sie die Kommunion austeilen; wenn sie beauf-
tragt werden, bringen sie die Kommunion auch zu
den Kranken nach Hause oder ins Krankenhaus.

Schola:
Das ist eine kleine Gruppe von Sängern und Sänge-
rinnen, die Vorsängeraufgaben bei Liedern und Psalmen übernimmt (ähnlich wie der Kantor).

Kinderchorsänger und -sängerinnen:
Ab einem Alter von etwa fünf Jahren treffen sich
Kinder und lernen spielerisch das richtige Singen,
später werden sie in das Notenlesen und auch das
mehrstimmige Singen eingeführt; schon mit klei-

nen Liedern können sie aktiv am Gottesdienst und Gemeindeleben teilnehmen; durch das Mittun lernen sie nicht nur die Bibel, sondern auch religiöse Riten, Gebräuche und Traditionen kennen.

Jugendkantorei/Jugendchor (und Band):
Ältere Kinder bilden oft einen Jugendchor; das chorische Repertoire (sprich: Repertwar = der Bestand der einstudierten Stücke) kann sehr vielfältig sein; einige setzen bewusst auf ein künstlerisch mehrstimmiges Repertoire mit Chormusik aus mehreren Jahrhunderten, andere legen den Schwerpunkt eher auf das „Neue geistliche Lied", dann formiert sich auch oft aus Instrumentalspielern eine Band dazu.

Kirchenchorsänger und -sängerinnen:
Jugendliche, Frauen und Männer treffen sich wöchentlich zur Probe und erarbeiten die verschiedensten, oft mehrstimmigen Chorwerke aus zahlreichen Musikepochen; sie sind aber auch eine wichtige Gesangstütze für die ganze Gemeinde, vor allem wenn neue Lieder eingeführt werden; in Gottesdiensten müssen sie für eine gute Liturgiegestaltung sorgen, an hohen Festtagen wird ein Gottesdienst durch

die Aufführung größerer Werke (mit Orgel oder Orchester) besonders schön und feierlich.

Ministrant/Ministrantin (lateinisch: ministrare = dienen):
Die Ministranten helfen durch Handreichungen vor allem bei der heiligen Messe: Gaben herbei- und wegbringen, Leuchter, Weihrauchfass und Schiffchen (Behälter, in dem die Weihrauchkörner sind) tragen, Buch halten, kollektieren (lateinisch = sammeln); sie sind aber auch bei anderen Gottesdienstformen wichtig.

Flötenkreis:
Er probt für die musikalische Bereicherung der Gottesdienste; er kann als Ensemble (Gruppe) spielen oder auch zusammen mit Sängern oder Chorgruppen musizieren; sehr gute Spieler können auch solistisch, also einzeln spielen und werden dann von Orgel oder Cembalo begleitet.

Pfarrorchester:
Es probt meist für die gemeinsame Aufführung mit dem Kirchenchor, vor allem für größere Werke oder Messen an hohen Festtagen.

Eine kleine Bibliothek –
Die Rollenbücher

In dem Kapitel über die liturgischen Dienste hast
du eine Menge über die verschiedenen Aufgaben
im Gottesdienst kennen gelernt. Damit jeder seine
Aufgabe gut und richtig ausführen kann, wird ver-
schiedenes Material benötigt, vor allem braucht man
Bücher.

Für jede liturgische „Rolle" gibt es ein bestimmtes Buch; hier sollen sie dir einmal vorgestellt werden:

Gotteslob:
Es ist das liturgische Buch für die versammelte Gemeinde und gilt für alle Länder, in denen deutsch
gesprochen wird. In ihm sind neben Gebeten, liturgischen Einführungstexten (klein gedruckt!) und
Andachten vor allem Psalmen und Lieder zu finden. Es ist so vielseitig und umfangreich, dass alle
Gottesdienstformen mit ihm gestaltet werden kön-

nen. Es gibt eine Menge Lieder, die auch Kinder und Jugendliche gerne singen, und gewiss kennst auch du schon einige Lieder aus diesem wichtigen Buch. Bei den vielen Liedern mit Wechselgesängen gilt es zum Beispiel gleichzeitig als Rollenbuch für einen Kinderchor oder eine Schola.

Am Schluss des Buches gibt es einen Diözesananhang, in dem beliebte Lieder und Gebetsteile der jeweiligen (Erz-) Diözese enthalten sind.

Diözesan-Beihefte:
Sie sind für die Gemeinde und es gibt sie in fast jeder Diözese als Ergänzung und Erweiterung zum Gotteslob. Meist sind in ihnen besonders lieb gewordene Lieder erhalten. Oft haben „Neue geistliche Lieder" Aufnahme darin gefunden.

Lektionar:
Das ist das Buch für den Lektor, aus dem er die Lesungen vorliest. Es gibt drei Lektionare für die Sonntage, zwei für die Wochentage, eins für Beerdigungen und einige für besondere Anlässe.

Evangeliar:
Das ist das Buch, aus dem der Diakon oder Priester

das Evangelium vorliest. Es ist oft sehr schön und kostbar gestaltet und wird auch häufig beim Einzug in den Gottesdienst vom Diakon oder Messdiener mit hineingetragen.

Kantorenbuch:
Dabei handelt es sich um das Buch für den Kantor. In ihm stehen die Antwortpsalmen, die auf die 1. Lesung folgen. Sie passen zu der vorangehenden Lesung und vertiefen das Gehörte.

Hallelujabuch:
Das ist das zweite Buch für den Kantor. In ihm stehen die Halleluja-Rufe für alle Sonn- und Feiertage mit dem Hallelujavers. Dies ist ein Satz, der auf das folgende Evangelium inhaltlich hinweist oder sogar ein Zitat daraus ist. Manche Stücke sind auch mehrstimmig und mit selbständiger Orgelbegleitung versehen.

Münchener Kantorale:
Dieses Buch ist ebenfalls für den Kantor; es beinhaltet die jeweiligen Antwortpsalmen und kann anstelle des Kantorenbuches benutzt werden. Damit hat man noch mehr Auswahlmöglichkeiten.

Fürbittbuch:
Aus diesem Buch kann der Lektor die allgemeinen Bitten vortragen, sofern sie nicht frei formuliert werden.

Messbuch:
Das Messbuch benötigt der Priester bei der heiligen Messe. In ihm stehen alle Gebete, die der Priester spricht, vor allem das Hochgebet und die Wandlungsworte. Weil es für jeden Tag eigene Texte gibt, zudem viele Texte für bestimmte Anlässe und Themen, und zusätzlich verschiedene Auswahlmöglichkeiten bestehen, ist es ein sehr dickes Buch.

Stundenbuch:
Das ist das Buch für die Gemeinde, wenn sie das Stundengebet (Laudes, Vesper, Komplet) feiert. In ihm sind Psalmen, Lesung, Fürbitten und Gebete enthalten. Es gibt das Stundenbuch für die verschieden geprägten Zeiten im Kirchenjahr, also für Advents- und Weihnachtszeit, Fasten- und Osterzeit, Zeit im Jahreskreis und für die Tage im Jahreskreis und die Heiligenfeste.

Orgelbuch zum Gotteslob:
Es ist das Notenbuch für den Organisten. In ihm stehen die Orgelsätze, mit denen man die Lieder aus dem Gotteslob begleiten kann. Viele Organisten können solche Liedsätze selbst erfinden und nehmen dann nur das Gotteslob, in dem ja die Melodie steht, als Vorlage. In den Diözesen, die einen eigenen Diözesananhang haben, gibt es auch meist ein entsprechendes Orgelbuch mit den Vorspielen und Begleitsätzen dazu.

Orgelnoten:
Sie sind für den Organisten. Auch die riesige Auswahl an Orgelnoten für den liturgischen Gebrauch muss man zu den liturgischen „Büchern" rechnen. Vor allem die Vielzahl von Choralvorspielen, denen Kirchenlieder zugrunde liegen, macht dies deutlich.

Chornoten:
Sie werden benötigt vom Kinder-, Jugend- und Kirchenchor. Viele der geistlichen Kompositionen haben Bibelstellen als Textgrundlage oder sind Nachdichtungen. Aber auch freie, neue Dichtungen gehören dazu. Dabei ist es ganz gleich, ob es sich

um ein kleines Lied handelt oder um ein großes Werk mit Solisten und Orchester.

Instrumentalnoten:

Sie werden für alle Instrumentalmusiker benötigt. Da Musik auch als eine eigene „Sprache" angesehen wird, müssen Noten innerhalb der Liturgie auch als liturgische „Bücher" für diesen Dienst angesehen werden. Haben die Musiker keine Noten, kann im Gottesdienst nicht musiziert werden.

Wie eine Spirale – das Kirchenjahr

Wenn du einen Kalender geschenkt bekommst, dann beginnt er mit dem 1. Januar. Ein Jahr braucht die Erde, um einmal die Sonne zu umkreisen und dabei vergehen die vier Jahreszeiten Frühling, Sommer, Herbst und Winter.

Auch du wirst in diesem Jahr ein Stück größer und vor allem älter. Du erlebst in einem Jahr recht viel, lernst in der Schule neuen Stoff, bekommst vielleicht neue Freunde und erfährst immer mehr von der Welt und all den Dingen, die dich umgeben.

Die Kirche richtet ihren Jahreskalender nach dem Leben Jesu aus, daher beginnt das Kirchenjahr am 1. Adventssonntag als Vorbereitungszeit auf das Fest seiner Geburt – Weihnachten. Nach den 40 Tagen der österlichen Bußzeit feiern wir mit den drei österlichen Tagen vom Leiden, Tod und von der Auferstehung des Herrn (Gründonnerstag, Karfreitag und Ostern) das höchste Fest unseres Glaubens.

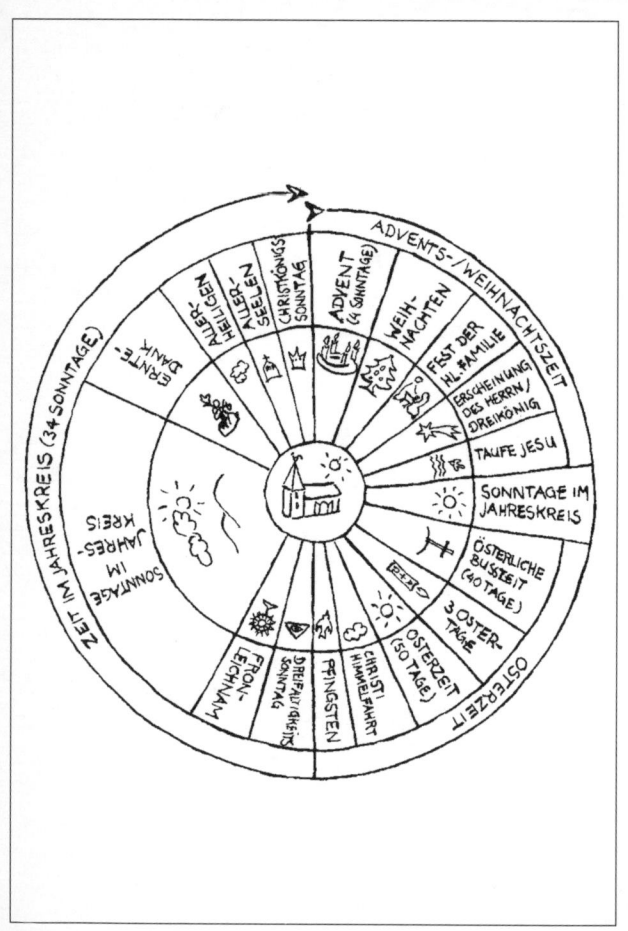

86

An Pfingsten feiern wir das Kommen des Heiligen Geistes in unsere Welt. Der letzte Sonntag im Kirchenjahr – das Christkönigsfest – will deutlich machen, dass Jesus Christus der Herr der Welt ist und bleibt. Das Kirchenjahr ist also der christlich geprägte und ausgeschmückte Gang der Zeit hier auf Erden. Gleichzeitig werden wir nicht nur reicher an Erfahrungen, sondern wir gehen auch wie in großen Kreisbewegungen unserem Lebensziel entgegen – dem Leben bei *Gott*.

Auszeit im Alltag – der Sonntag

Stell dir vor, eines Samstagmorgens schlagen die Menschen ihre Zeitung auf und da steht:

Sonntag wurde abgeschafft!

Das wäre ein Schreck, du müsstest dann vielleicht auch an diesem Tag zur Schule, Hausaufgaben machen und üben, deine Eltern müssten arbeiten usw. Aber das geht doch nicht, magst du denken?

Schau dir einmal genauer in deiner Umgebung an, was am Sonntag alles gemacht wird: Ist er nicht längst zu einem Ferientag geworden, zu einem Freizeittag, zu einem Sporttag, zu einem Hausaufgaben- und Klassenarbeitsübungstag, zu einem Einkaufstag, zu einem Arbeitstag (für Maschinen und Menschen) und vielem mehr?

Das alles sind keine schlechten Dinge, aber wenn wir uns für diese Sachen einen ganzen Tag leisten (eigentlich ja schon einen zweiten, denn der

Samstag ist ja auch schon dafür da), dann könnten andere Umstände uns diesen Tag auch wieder wegnehmen.

Nein, man muss nach der Entstehung des Sonntags fragen und danach, welchen Sinn dieser Tag für uns Christen hat.

Die „Idee" eines arbeitsfreien Tages stammt – von Gott! Nach sechs Tagen der Schöpfung ruhte er selbst am siebten Tag. So steht es schon in der Bibel.

Nachdem Jesus in Jerusalem gekreuzigt und begraben worden war, fand man am ersten Tag der Woche das Grab leer: Jesus Christus war auferstanden. Diesen Tag begehen die Christen seitdem als den Anfang der neuen Zeit – als Sonntag. Sonntag feiern heißt also:

- sich seines Christseins bewusst werden;
- sich Zeit nehmen für Gott, ihn loben, preisen und ihm danken;
- sich in der Gemeinschaft der Christen treffen;
- Gottes Wort hören;
- mit Gott sprechen;
- das Gedächtnis seines Lebens, Sterbens und Auferstehens lebendig halten;

- Kraft aus dem Glauben und aus der Gemeinschaft schöpfen.

Dies tun die Christen, indem sie sonntags an einem Gottesdienst teilnehmen. Als Chorsänger oder Chorsängerin tust du das auch, aber hoffentlich auch dann, wenn ihr mit dem Chor gerade nicht singt.

Es ist doch eigentlich ein faszinierender Gedanke, dass die Menschen gerade für ihren Glauben einen ganzen Tag frei haben! Mit der Teilnahme am Gottesdienst weiß man gleich, dass dies ein besonderer Tag ist. Man trifft nach dem Gottesdienst vielleicht noch ein paar Leute, mit denen man ein paar Worte wechseln oder sich verabreden kann. Aber damit ist der Sonntag noch nicht vorbei. Zu Hause kann man auch mit ein paar schönen Dingen den Tag hervorheben. Man kann:

- sich „anders" anziehen als in der Woche,
- den Mittagstisch schön decken und gemeinsam essen,
- bewusster vor und nach dem Essen beten,
- je nach Jahreszeit das Wohnzimmer mit Blumen und anderem schmücken,
- eine Osterkerze auf den Tisch stellen und anzünden,

- etwas gemeinsam mit der ganzen Familie machen,
- sich Zeit nehmen für Gespräche
  über „Gott und die Welt",
- sich frei machen von Werktagstätigkeiten,
- das Schöne in der Schöpfung und der eigenen
  Lebensgeschichte (wieder) entdecken,
- sich Zeit nehmen für andere Menschen.

Du selbst weißt ja am besten, wie wichtig das regelmäßige Treffen bei der Chorprobe ist. Fehlt man einmal, hat man gleich etwas verpasst und in der Chorprobe war eine Lücke. Darum ist die Zuverlässigkeit ganz wichtig, für dich und für die Gemeinschaft.

Beim Zusammenhalten im Glauben ist es genauso, der Einzelne braucht die Gemeinschaft und die Gemeinschaft braucht den Einzelnen. Darum hat die Kirche auch immer wieder darauf hingewiesen, wie wichtig und unverzichtbar die Teilnahme am Sonntagsgottesdienst ist. Besonders deutlich wurde das immer in Zeiten oder Ländern, in denen die Christen wegen ihres Glaubens verfolgt wurden. Gerade sie haben an diesem Feiertag unter allen Umständen festgehalten und dafür oft viele Mühen, ja sogar den Verlust ihres Lebens auf sich genommen. Wir hier werden nicht verfolgt, in unserem Land ist die freie Ausübung der Religion durch das Grundgesetz abgesichert. Die Einzigen, die uns den Sonntag wegnehmen können, sind wir selbst, indem wir ihn nicht mehr als den Tag feiern, als den wir ihn geschenkt bekommen haben.

Oft hört man auch, dass die Menschen an diesem Tag ausschlafen wollen und deshalb nicht zum Gottesdienst kommen. Schau dir mal die Zeiten der Gottesdienste richtig an: In der Woche hast du dann schon ein, zwei oder drei Schulstunden hinter dir und deine Eltern sind dann schon eine ganze Weile bei der Arbeit.

Man kann also auf jeden Fall schon länger schlafen und dann – fängt für dich der schönste Tag der Woche an …

Nimm dir also die Zeit, den Sonntag richtig zu (er-) leben, sie ist wertvoll – gerade auch für dich. Und wenn du es nicht alleine schaffst, dann verabrede dich doch mit einem Freund oder einer Freundin.

Und sicher hast du schon bemerkt: Wenn du zusammen mit dem Chor im Gottesdienst singen „musst", fällt es dir gar nicht so schwer, oder?

Cäcilia: Die Frau mit der Orgel – Schutzpatronin der Kirchenmusik

Seit etwa 500 Jahren nach Christi Geburt ist die Verehrung der heiligen Jungfrau und Märtyrin Cäcilia bekannt. Ihr wird die Stiftung der Pfarrkirche Santa Cecilia zugeschrieben, in der am 22. November 545 der Papst Vigilius gefangen genommen wurde.

Auch wenn man heute noch nicht genau weiß, ob sie wirklich gelebt hat, breitete sich die Legende aus, sie sei für ihren Glauben im Bad erstickt und enthauptet worden.

Auch im Stundengebet wird von der heiligen Cäcilia gesungen. Dort heißt es „Cantantibus organis Caecilia Domino decantabat", das heißt: „Beim Klang der Orgel sang Cäcilia das Lob Gottes." Die Maler machten daraus die Darstellung Cäcilias mit der Orgel und sie wurde dadurch zur Patronin der Kirchenmusik.

In der Krypta (Unterkirche) von Santa Cecilia hängt ein Bild von ihr. Der Maler hat sie darge-

stellt, wie sie gerade vom Todesstreich niedergestreckt wird. Auffallend ist die Haltung ihrer ausgestreckten Finger: drei an der einen Hand, einer an der anderen. Sie zeigen den Glauben an, für den sie stirbt und den sie besingt: Das Geheimnis des einen und doch dreifaltigen Gottes.

Damit weist sie auf die Quelle des Gotteslobes hin: Nicht bürgerliche Sangesfreudigkeit, sondern Kreuz und Leid sind der Ursprung des Lobes. Aus dem Lob Gottes ist die Kirchenmusik – die Musica sacra (das heißt „Heilige Musik") – erwachsen, das zeigt uns Cäcilia. Damit wurde sie zur symbolhaften Verkündigungsfigur.

Da der Gedenktag der heiligen Cäcilia der 22. November ist, begehen viele Kirchenchöre um dieses Datum herum ihre Jahreshauptversammlung. Sie feiern zunächst einen Gottesdienst in ihrer Pfarrkirche und treffen sich dann zu einem gemeinsamen Essen. Danach sprechen sie darüber, wie das vergangene Jahr war, was es gebracht hat, und überlegen, wie das kommende Jahr gestaltet werden kann. Chorsänger, die schon viele Jahre dabei sind (10, 25, 30, 40 Jahre usw.), werden in dieser Feier auch geehrt und bekommen ein kleines Geschenk oder eine Urkunde überreicht.

11 Tipps für gute Chorsänger

Wenn du Mitglied in einem Chor bist, dann solltest du an allen Aktivitäten teilnehmen. Das ist für dich und den Chor das Beste.

Wichtig ist, dass du immer pünktlich zur Probe und zu den Singterminen kommst und Bescheid sagst, wenn du einmal aus besonderem Grund (Krankheit o. Ä.) nicht kommen kannst.

Eine Chorprobe darf nicht gestört werden. Du solltest ihr aufmerksam und konzentriert folgen.

Gehe gut mit deinem Körper und mit deiner Stimme um; schreie, flüstere und räuspere möglichst nicht.

Sorge vor Auftritten für ausreichend Ruhe und Schlaf.

Behandle Noten, Chorkleidung und Inventar der Probenräume immer sehr sorgsam. Dies alles kostet Geld.

Sei freundlich und hilfsbereit zu allen Chormitgliedern, dem Chorleiter und den übrigen Mitarbeitern, die den Chor betreuen.

Wenn jemand wirklich gut ist, dann solltest du das anerkennen. Du kannst ja versuchen, ihm nachzueifern und auch so gut zu werden.

Versuche Unlust und Durchhänger durchzustehen; die Gemeinschaft zählt auf dich und trägt dich.

Es ist schön, wenn du neue Mitglieder im Chor stets willkommen heißt.

Wenn du den Chor verlassen willst, solltest du dich richtig verabschieden und den anderen Gelegenheit geben, dir zu danken.

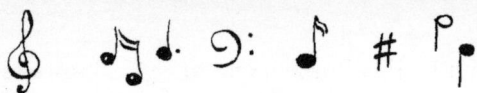

Es ist schon alles gesagt –
Zitate zur Musik und Kirchenmusik

Aus dem Mund der Kinder und Säuglinge schaffst du dir Lob, deinen Gegnern zum Trotz.

Psalm 8,3

Singet dem Herrn ein neues Lied, singt dem Herrn, alle Länder der Erde!

Psalm 96,1

Ich will dem Herrn singen, solange ich lebe, will meinem Gott spielen, solange ich da bin.

Psalm 104,33

Wer singt, betet doppelt.

Aurelius Augustinus
(Kirchenvater 354–430)

Singen ist das Fundament zur Musik in allen Dingen.

Georg Philipp Telemann
(deutscher Komponist 1681–1767)

Die Sängerchöre sollen nachdrücklich gefördert werden.

Konstitution über die heilige Liturgie (1968),
Kapitel VI, Abschnitt 114

Nach meiner Meinung sollte die erste Begegnung eines Kindes mit Musik so sein, dass seine Phantasie, seine Gefühlswelt, seine Träume, vielleicht sogar sein Ehrgeiz geweckt und angespornt werden.

Yehudi Menuhin
(Geiger und Dirigent 1916–1999)

Die Gestaltung der Liturgie ist die erste Visitenkarte des Glaubens.

Prof. Dr. Wolfgang Bretschneider
(Pfarrer und Kirchenmusiker)

Ihr seid Kollegen der Engel.

Kardinal Joachim Meisner, Köln,
zu den 2000 Kindern und Jugendlichen
beim 4. Deutschen Chorfest in Köln, 1998

Du bist nicht allein – Info-Seite

Es gibt in Deutschland etwa 2700 Kinderchöre (Stand Mai 1998). In ihnen singen rund 56 000 Kinder.

Es gibt ungefähr 2100 Jugendchöre mit etwa 38 000 Jugendlichen.

Viele dieser Chöre sind zusammengeschlossen im Pueri Cantores-Verband. Dieser Verband unterstützt die Kinder- und Jugendchöre wie auch die Chorleiter in ihrer Arbeit, organisiert Chorfahrten und -treffen, bietet Fortbildungen und Informationen an.

Anschrift:
Deutscher Chorverband PUERI CANTORES
Präsident: Bezirks- und Münsterkantor Wilm Geismann, Rheingasse 23, 78462 Konstanz; Telefon: 07531/21917; Telefax: 07531/21934.

Etwa 1600 Frauen und Männer sind hauptamtliche Kirchenmusiker, 18 000 sind im neben- oder ehrenamtlichen Dienst tätig.

Name und Anschrift deines Chorleiters: